RENAISSANCE

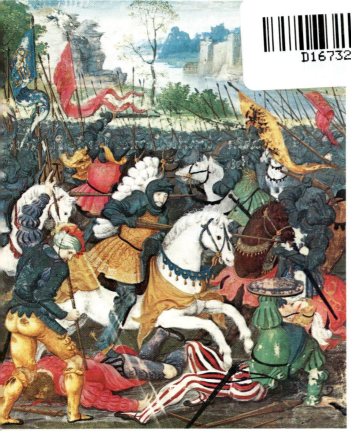
François Ier à Marignan

2 Des arquebusiers

Chambord

Chenonceaux

5 Henri IV en 1610

RÉFORMES

Calvin

4 Le concile de Trente

Luther

5 Le massacre de la Saint-Barthélemy

Temple protestant

6 L'entrée d'Henri IV à Paris

LE XVIIᵉ SIÈCLE

Richelieu

Mazarin

Le Conseil des parties

4 Louis XIV

5 La galerie des Glaces à Versailles

HISTOIRE DE FRANCE (II)

LA RENAISSANCE

Monté sur un cheval blanc, sa lance brandie vers l'ennemi, le roi François Ier attaque comme un chevalier du Moyen Age. Il fut vainqueur des Suisses, en 1515, à Marignan, situé près de Milan en Italie.

Ce relief montre des fantassins des guerres d'Italie armés d'une arme à feu, l'arquebuse.

C'est François Ier qui a fait construire, de 1519 à 1547, le château de Chambord (Loir-et-Cher).

Le château de Chenonceaux (Indre-et-Loire) a été construit à partir de 1515. Il comprend un corps de logis et une galerie construite sur un pont au-dessus du Cher.

Rubens a peint sur ce tableau Henri IV en armes. Il remet à la reine Marie de Médicis un globe orné de fleurs de lis, symbole du pouvoir royal.

RÉFORMES RELIGIEUSES

Auteur de l'*Institution de la religion chrétienne* (1536), Jean Calvin (1509-1564) a fondé l'Église réformée de France.

L'Allemand Martin Luther (1483-1546) se sépare de l'Église catholique et fonde l'Église protestante luthérienne dès 1520.

Dans le temple de Charenton, ouvert en 1606, la communauté protestante de Paris assiste au sermon du pasteur.

C'est le pape Paul III qui a réuni à Trente, en Italie du Nord, un concile œcuménique (1545-1563) chargé de rénover l'Église face à la Réforme. Évêques et archevêques portent la mitre.

L'amiral de Coligny est jeté par la fenêtre lors du massacre des protestants, la nuit de la Saint-Barthélemy, 23-24 août 1572.

Couronné roi en 1589, Henri IV fait son entrée à Paris le 22 mars 1594 seulement. Entretemps, il s'est converti au catholicisme.

LE XVIIe SIÈCLE

Philippe de Champaigne a peint vers 1640 Richelieu en habit de cardinal, son chapeau à la main. Richelieu a été le plus proche conseiller de Louis XIII de 1624 à 1642.

Le cardinal Mazarin a dirigé la politique de la France successivement sous Louis XIII de 1642 à 1643, puis sous la régence d'Anne d'Autriche (1643-1653), et enfin sous Louis XIV de 1653 à 1661.

3 Assis en bout de table, Louis XIV préside le Conseil des parties, qui exerçait notamment les fonctions d'une haute cour de justice.

4 Le roi Louis XIV commande en personne l'armée, au passage du Rhin en juin 1672, lors de la guerre de Hollande.

5 Richement décorée par le peintre Le Brun, la galerie des Glaces, au château de Versailles, doit son nom aux glaces disposées sur toute la longueur de la galerie (76 mètres).

LA SOCIÉTÉ D'ANCIEN RÉGIME

1 Le premier Versailles de Louis XIV. Deux ailes nouvelles délimitent la cour royale, qui précède la cour de marbre. L'architecte Mansart devait agrandir considérablement le château à partir de 1676.

2 Les redevances dues par les paysans à leur seigneur suscitent l'indignation de Jacques Laignet, auteur de cette illustration. Il l'a gravée peu après la Fronde, vers 1655.

3 Le peintre Le Nain a peint ici une famille de paysans d'Ile-de-France relativement aisée.

LOUIS XV

1 Apparue à la fin du XVe siècle, l'artillerie joue un grand rôle dans les batailles au XVIIIe siècle.

2 Le peintre Nattier donne ici un portrait d'apparat de Louis XV (1715-1774), en armure décorée de fleurs de lis.

3 Séance solennelle au parlement de Paris. Le jeune roi Louis XV (il a 13 ans), assis au fond de la salle, sur un banc surélevé, est venu imposer sa volonté aux parlementaires.

4 La place Louis-XV (actuellement place de la Concorde), à Paris, a été construite en 1765. Au centre : statue équestre de Louis XV.

LOUIS XVI

1 Louis XVI (1774-1793) porte un manteau d'hermine : c'est le costume qu'il avait pour son sacre, à Reims, le 11 juin 1775. Il tient à la main le sceptre royal.

2 Le droit de chasse était un des privilèges réservés à la noblesse. La chasse clandestine, ou « braconnage », des paysans était sévèrement réprimée.

3 Un grand voilier décharge du blé dans le port de Marseille. Détail d'un tableau de Joseph Vernet (1754).

4 Le peintre David détaille les députés prêtant serment dans la salle du Jeu de Paume, à Versailles, le 20 juin 1789.

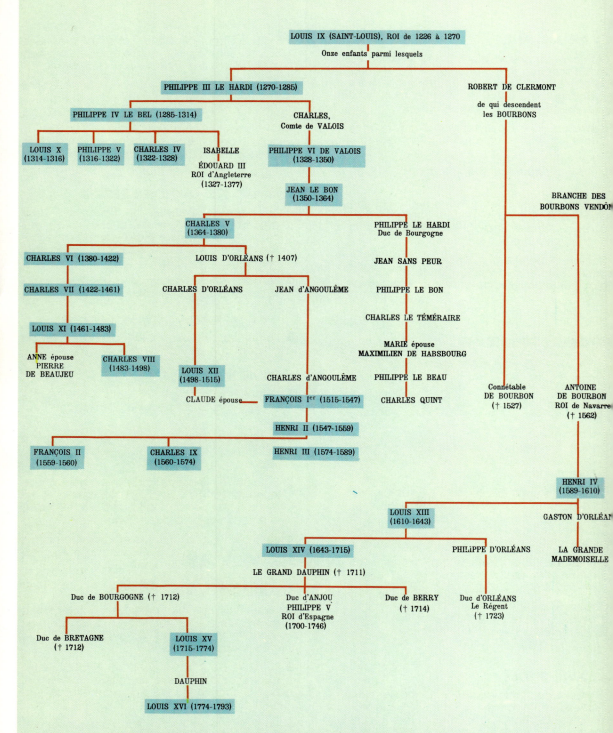

LA SOCIÉTÉ D'ANCIEN RÉGIME

Le château de Versailles au XVIIe siècle

Les revenus seigneuriaux

3 Le Nain, les paysans

LOUIS XV

Un parc d'artillerie en 1745

2 Louis XV

Lit de justice sous Louis XV

La place Louis-XV

Imprimé en France par Pollina, 85400 Luçon - N° 3957
Dépôt légal N° 3411 - 7 - 1981
Edition N° 01 - Collection N° 85

LOUIS XVI

Louis XVI en tenue de sacre

2 Le braconnier pris au collet

Le port de Marseille

4 Le serment du Jeu de Paume

documents hachette

Des documents de grande qualité choisis et commentés par des spécialistes pour vous permettre de compléter votre documentation de façon utile et attrayante.

histoire, géographie, sciences

1. Préhistoire
2. Égypte
3. Grèce
4. Rome
5. Moyen Age (I)
6. Moyen Age (II)
7. Histoire de l'agriculture
8. France activités
9. Activités industrielles
10. Transports et communications
11. Mer et pêche
12. Afrique
13. Amérique latine
14. Asie des moussons
15. Champignons
16. Plantes à fleurs
17. Insectes
18. Oiseaux
19. Mammifères
20. Anatomie Humaine
21. Histoire de France (I)
22. Histoire de France (II)
23. Histoire de France (III)
24. Grandes Découvertes
25. Climat et Végétation
26. Les Hommes sur la Terre
27. Poissons
28. Arbres

collection **en savoir plus**

- Pour approfondir vos connaissances ;
- chercher une documentation complète, actuelle et vivante pour préparer vos exposés ;
- et trouver les réponses aux questions que vous vous posez dans les différents domaines qui vous intéressent.

Titres parus :

- Au temps des Pharaons
- Au temps des Romains
- Au temps des Hébreux
- Les Châteaux forts
- Les chasseurs de la Préhistoire
- Les origines de l'homme
- Vivre en Chine
- Vivre en Afrique
- Vivre aux États-Unis
- Vivre au Japon
- L'Europe
- Les élections en France
- A la découverte du ciel
- Le pétrole
- Les champignons
- Les animaux du littoral
- Les insectes
- La natation
- Le ski
- Le judo
- Les énergies nouvelles
- L'informatique

Références photographiques
Couverture[1] : Josse, Hachette / couverture[2] : Giraudon / verso : Hachette / 1[1] : Bibl. Nat., Paris, Hachette / 1[2] : René Jacques / 1[3] : Spirale, Diapofilm / 1[4] : Spirale, Hachette / 1[5] : Hachette / 2[1] : Musée Boymans, Rotterdam / 2[2] : Josse, Hachette / 2[3] : Biblio. Royale de Copenhague / 2[4] : Musée du Louvre, Hachette / 2[5] : Lausanne, Musée des Beaux Arts, Hachette / 2[6] : Hachette / 3[1] : Hachette / 3[2] : Bibl. Nat., Paris, Hachette / 3[3] : Giraudon / 3[4] : Josse / 3[5] : Fronval / 4[1-2] : Hachette / 4[3] : Josse, Hachette / 5[1] : Hachette / 5[2] : A.P.N. / 5[3-4] : Josse, Hachette / 6[1-2-4] : Hachette / 6[3] : Giraudon.